AF245286

(Conservei la Couverture)

PAROLES

PRONONCÉES

PAR M. LECHAT

MAIRE DE NANTES

SUR LA TOMBE DU GÉNÉRAL VINOY.

NANTES,

Mᵐᵉ Vᵉ CAMILLE MELLINET, IMPRIMEUR,

Place du Pilori, 5.

—

1880

27
In
33169

PAROLES PRONONCÉES PAR M. LECHAT

MAIRE DE NANTES

SUR LA TOMBE DU GÉNÉRAL VINOY.

PAROLES

PRONONCÉES

PAR M. LECHAT

MAIRE DE NANTES,

SUR LA TOMBE DU GÉNÉRAL VINOY.

——— .. ———

Messieurs,

L'homme éminent dont ce cercueil renferme la dépouille mortelle, n'était pas originaire de cette ville.

Le général Vinoy était né à Saint-Etienne, dans l'Isère, le 10 août 1800.

Mais il aimait Nantes, à l'égal de sa ville natale ; parce que là il avait des amis qui lui sont demeurés fidèles dans la mauvaise comme dans la bonne fortune ; parce qu'il avait là une famille qui le chérissait, et que sa mort plonge aujourd'hui dans une profonde affliction ; parce que là vivait et vivra, je l'espère, de longues années encore, entouré de l'estime et de l'affection de tous, son ancien et brave compagnon d'armes, le général Mellinet ; parce que là, dans cette terre, où il vient de descendre, reposait, depuis bien des années, son fils unique, qu'il avait si prématurément perdu.

Pour toutes ces raisons, le général Vinoy a voulu que sa dernière demeure fût à Nantes ; et c'est à moi qu'incombe le devoir que je remplis de grand cœur, de rendre à cet hôte illustre un suprême et douloureux hommage.

Peu de carrières, Messieurs, ont été mieux remplies, plus brillantes que celle du Général.

C'est de simple soldat qu'il est devenu tout ce qu'il était en 1871.

Car si 1871 l'a vu Général de Division depuis 1855, grand Chancelier de la Légion d'honneur, Grand-Croix, l'année 1823 l'avait vu entrer simple engagé volontaire dans l'infanterie de la Garde royale.

Caporal en 1824 ; sergent en 1826, il devenait officier, au moment de la conquête de l'Algérie.

A partir de cette époque, il est peu d'événements de notre histoire militaire auxquels son nom ne soit mêlé ; peu de succès auxquels il n'ait contribué ; peu de résultats glorieux, dont il n'ait pu légitimement revendiquer une part.

Nous le voyons d'abord en Algérie où il fait toutes les campagnes de 1836 à 1854, où il est de toutes les expéditions ; se signaler par son brillant courage ; et plus d'une fois il y est mis à l'ordre du jour de l'armée.

Il quitte l'Afrique pour la Crimée ; arrivé là Général de Brigade, il revient Général de Division.

Dans cette guerre où la vaillance personnelle des chefs et des soldats eut sur le résultat final une si décisive influence, le général Vinoy avait montré au plus haut point les qualités maîtresses de sa nature ; une fermeté qui ne permettait pas aux courages de mollir autour de lui ; une ardeur communicative, qui ne faisait qu'une âme, du chef et de ses soldats, et donnait tant de puissance à leur commun effort : on le vit à l'assaut de

Malakoff, où la brigade qu'il commandait joua un rôle si remarqué.

Le maréchal Niel, qui se connaissait en hommes, le demandait comme divisionnaire dans la guerre d'Italie de 1859 ; il savait, ce véritable homme de guerre, cet adversaire des compromettantes témérités, qu'il trouverait, dans son subordonné, un chef aussi avisé et prudent dans les mesures à prendre, qu'intrépide au moment de l'action. Les batailles de Magenta et de Solférino, où le général Vinoy était encore signalé pour faits d'armes, ratifièrent le choix de M. le Maréchal Niel.

En 1865, atteint par la limite d'âge, le général Vinoy quittait le service.

Il n'emportait dans sa retraite que de doux et glorieux souvenirs ; des triomphes non mêlés de revers.

Vint 1870 !

Nos désastres le rappelèrent au service ; et il reçut le commandement d'un corps d'armée, la dernière de nos ressources organisées avec laquelle il se dirigea vers l'armée de l'Est.

En route il apprit la catastrophe de Sédan.

Parti trop tard pour être compris dans le désastre, il sut, par une habile retraite sur Paris, réserver au Gouvernement de la Défense nationale l'utile appoint de ses régiments.

A Dieu ne plaise, Messieurs, que je veuille mêler la politique à ce deuil ; que je veuille vous entretenir de questions brûlantes, en ce lieu, devant un cercueil, en présence duquel, pour l'honneur de l'humanité, tout ce qui divise les hommes s'efface et disparaît. Au moins puis-je dire, qu'à mesure que le temps marche ; à mesure que les passions se calment et que la voix grave et austère de l'histoire se fait mieux entendre, on rend justice à ces hommes d'énergie et de patriotisme qui ne se sont pas hâtés de désespérer de l'avenir ; qui, à Paris, hors de Paris, ont poussé la résistance jusqu'aux dernières limites du possible : s'ils n'ont rien fait pour le salut, ils ont fait beaucoup pour l'honneur.

Le général Vinoy a joint ses efforts à leurs efforts ; il a partagé leurs épreuves et leurs revers ; et ce n'est assurément pas ce qu'il a fait de moins beau dans sa vie, que de prendre une place parmi ces nobles vaincus.

Tels sont, Messieurs, si je ne me trompe, les traits principaux par lesquels celui qui n'est plus vivra dans notre mémoire.

Puisse cet hommage être un adoucissement pour la vive douleur de sa veuve, de ses parents, qui ont tant d'amis dans cette assistance.

Et vous, Général, — adieu !

Nantes, le 4 mai 1880.

Imp. de Mᵉ Vᵉ C. Mellinet, place du Pilori, 5.

www.ingramcontent.com/pod-product-compliance
Lightning Source LLC
Chambersburg PA
CBHW050712070726
47597CB00010B/4416